ALPHONSE LEVEAUX

LES PREMIÈRES
DE MOLIÈRE

COMPIÈGNE
IMPRIMERIE HENRY LEFEBVRE
7, RUE DE LA CORNE-DE-CERF, 7.

1882

*À monsieur Alphonse Labitte
hommage empressé
Alp. Lereaux*

ALPHONSE LEVEAUX

LES PREMIÈRES DE MOLIÈRE

ALPHONSE LEVEAUX

LES PREMIÈRES DE MOLIÈRE

I

Parmi les petits évènements de la vie parisienne, on peut compter les premières représentations de nos pièces de théâtre. Beaucoup sans doute passent à peu près inaperçues. Mais celles-là même n'en sont pas moins pour les auteurs, la cause de mille émotions. On craint, on espère ; un rien suffit pour déterminer la chute. On n'est sûr du succès qu'à la fin.

Par exemple, l'effet grandit et ce n'est vraiment plus un petit évènement, quand il s'agit de l'œuvre d'un auteur qui débute par un succès éclatant, et dont le nom, inconnu jusqu'à ce moment, parvient en quelques heures à la célébrité. Qui connaissait Ponsard la veille de la première de *Lucrèce*, et le lendemain, tout Paris acclamait en lui un poëte dramatique d'un remarquable talent. Il ne serait peut-être pas sans intérêt de faire, à ce sujet, quelques recherches dans le passé et de présenter plusieurs noms à qui semblable bonne fortune est survenue. Mais je ne veux m'occuper ici que des premières de Molière. Elles furent presque toutes bien accueillies. Toutefois le public d'alors, tout en applaudissant Molière, tout en l'admirant, nous fait voir combien il est resté en deçà de l'opinion si haute et si méritée qui s'est faite depuis sur l'œuvre de notre premier poëte comique.

Je me servirai souvent pour cette revue d'un livre très curieux et assez rare aujourd'hui, qui a été publié en 1775, sans nom d'auteur, sous le titre d'*Anecdotes dramatiques*.

II

L'Etourdi ou les *Contre-temps* fut représenté pour la première fois, à Lyon en 1653 et à Paris, dans la salle du Petit-Bourbon, le 3 décembre 1658.

Molière jouait le rôle de Mascarille.

Le *Dépit amoureux* fut d'abord représenté à Béziers en 1654, pendant la tenue des Etats de Languedoc, puis en décembre 1658, dans la salle du Petit Bourbon.

Molière jouait le rôle d'Albert; Duparc, Gros-Réné, et Mlle de Brie, Lucile.

Il est à remarquer que la troupe de Molière était excellente et que ses pièces furent toutes jouées avec perfection. Molière savait choisir et former ses comédiens.

Molière avait été appelé à Béziers par le prince de Conti qui avait de l'amitié pour lui. Le prince voulut le retenir près de sa personne en le nommant secrétaire de ses commandements. Par bonheur Molière n'accepta pas. La France y eût perdu un des génies qui l'honorent le plus.

Les Précieuses ridicules furent représentées pour la première fois avec un très grand succès sur le théâtre du Petit-Bourbon le 18 novembre 1659. Molière jouait le rôle de Mascarille. A la seconde représentation, le prix des places qui n'était alors que de dix sols au parterre fut doublé : « Courage, Molière, s'écria un spectateur, voilà de la bonne comédie ! »

Sganarelle ou le *Cocu imaginaire* fut représenté pour la première fois sur le théâtre du Petit-Bourbon, le 28 mai 1660. La pièce fut jouée quarante-trois fois de suite. C'était plus que deux cents fois aujourd'hui.

Un bourgeois de Paris qui faisait fort l'important, s'imagina que c'était lui que Molière avait voulu mettre en scène. Il était furieux : « De quoi vous plaignez-vous, lui dirent ses amis ? « Il n'a fait de vous qu'un cocu imaginaire. Vous seriez bien « heureux d'en être quitte à si bon marché. »

III

Don Garcie de Navarre, ou *le Prince jaloux*, comédie héroïque en cinq actes et en vers, fut donné dans la salle du Palais-Royal, le 4 février 1661.

Molière jouait don Garcie, prince de Navarre ; La Grange, don Alphonse, prince de Léon et Mlle Duparc, done Elvire, princesse de Léon. Voilà bien des princes. Ce fut une chute. La pièce ne fut jouée qu'une fois et Molière vit que les rôles de prince ne lui convenaient nullement.

Je lis dans les *Anecdotes dramatiques* :

« Don Garcie ne fut imprimé qu'après la mort de l'auteur. Molière, comptant sans doute qu'il ne le serait jamais, en tira quelques traits qu'il jugea dignes d'être insérés dans d'autres pièces. Tels sont des endroits de la cinquième scène de l'acte second, et la scène huitième du quatrième acte qui se trouvent dans la troisième scène du quatrième acte du *Misanthrope* et quelques vers de l'acte second qui sont dans la sixième scène de *L'Amphitryon*. »

DON GARCIE. — ACTE II. — SCÈNE V.

DONE ELVIRE.

Avez-vous, dites moi, perdu le jugement ?

DON GARCIE.

Oui, oui, je l'ai perdu, lorsque, dans votre vue,
J'ai pris, pour mon malheur, le poison qui me tue.
Et que j'ai cru trouver quelque sincérité
Dans ces traîtres appas dans je fus enchanté.

DONE ELVIRE.

De quelle trahison pouvez-vous donc vous plaindre ?

DON GARCIE.

Ah ! que ce cœur est double et sait bien l'art de feindre !
Mais tous moyens de fuir lui vont être soustraits.
Jetez ici les yeux et connaissez vos traits :
Sans avoir vu le reste, il m'est assez facile,
De découvrir pour qui vous employez ce style.

DONE ELVIRE.

Voilà donc le sujet qui vous trouble l'esprit ?

DON GARCIE.

Vous ne rougissez pas en voyant cet écrit ?

DONE ELVIRE.

L'innocence à rougir n'est pas point accoutumée.

DON GARCIE.

Il est vrai qu'en ces lieux on la voit opprimée,
Ce billet démenti pour n'avoir point de seing.....

DONE ELVIRE.

Pourquoi le démentir puisqu'il est de ma main ?...

ACTE IV. — SCÈNE VIII.

DONE ELVIRE.

Et que me direz-vous que je doive écouter ?

DON GARCIE.

Que toutes les horreurs dont une âme est capable
A vos déloyautés n'ont rien de comparable ;
Que le sort, les démons et le ciel en courroux,
N'ont jamais rien produit de si méchant que vous...
. . . .
Rougissez maintenant, vous en avez raison ;
Et le masque est levé de votre trahison.

Voilà ce que marquaient les troubles de mon âme ;
Ce n'était pas en vain que s'alarmait ma flamme ;
Par ces fréquents soupçons qu'on trouvait odieux
Je cherchais le malheur qu'ont rencontré mes yeux ;
Et malgré tous vos soins et votre adresse à feindre
Mon astre me disait ce que j'avais à craindre ;
Mais ne présumez pas que, sans être vengé,
Je souffre le dépit de me voir outragé.
Je sais que sur les vœux on n'a point de puissance ;
Que l'amour veut partout naître sans dépendance ;
Que jamais par la force on n'entra dans un cœur ;
Et que toute âme est libre à nommer son vainqueur ;
Aussi ne trouverai-je aucun sujet de plainte
Si pour moi votre bouche avait parlé sans feinte ;
Et, son arrêt livrant mon espoir à la mort,
Mon cœur n'aurait eu droit de s'en prendre qu'au sort.
Mais d'un aveu trompeur voir ma flamme applaudie,
C'est une trahison, c'est une perfidie
Qui ne saurait trouver de trop grands châtiments,
Et je puis tout permettre à mes ressentiments.
Non, non, n'espérez rien après un tel outrage,
Je ne suis plus à moi ; je suis tout à la rage....

LE MISANTHROPE. — ACTE IV. — SCÈNE III.

ALCESTE *à part.*

O ciel ! De mes transports puis-je être ici le maître ?

CÉLIMÈNE *à part.*

Ouais ! (*à Alceste*). Quel est donc le trouble où je vous vois paraître ?
Et que me veulent dire et ces soupirs poussés,
Et ces sombres regards que sur moi vous lancez ?

ALCESTE.

Que toutes les horreurs dont une âme est capable
A vos déloyautés n'ont rien de comparable ;
Que le sort, les démons et le ciel en courroux,
N'ont jamais rien produit de si méchant que vous.

CÉLIMÈNE.

Voilà certainement des douceurs que j'admire.

ALCESTE.

Ah ! Ne plaisantez point ; il n'est pas temps de rire :
Rougissez bien plutôt, vous en avez raison ;
Et j'ai de sûrs témoins de votre trahison.
Voilà ce que marquaient les troubles de mon âme ;
Ce n'était pas en vain que s'alarmait ma flamme.
Par ces fréquents soupçons qu'on trouvait odieux,
Je cherchais le malheur qu'ont rencontré mes yeux ;
Et malgré tous vos soins et votre adresse à feindre,
Mon astre me disait ce que j'avais à craindre.
Mais ne présumez pas que, sans être vengé,
Je souffre le dépit de me voir outragé.

Je sais que sur les vœux on n'a point de puissance,
Que l'amour veut partout naître sans dépendance,
Que jamais par la force on n'entra dans un cœur,
Et que toute âme est libre à nommer son vainqueur ;
Aussi ne trouverais-je aucun sujet de plainte,
Si pour moi votre bouche avait parlé sans feinte ;
Et, rejetant mes vœux dès le premier abord,
Mon cœur n'aurait eu droit de s'en prendre qu'au sort.
Mais d'un aveu trompeur voir ma flamme applaudie,
C'est une trahison, c'est une perfidie,
Qui ne saurait trouver de trop grands châtiments ;
Et je puis tout permettre à mes ressentiments.
Oui, oui, redoutez tout après un tel outrage :
Je ne suis plus à moi, je suis tout à la rage.....

CÉLIMÈNE.

D'où vient donc, je vous prie, un tel emportement ?
Avez-vous, dites-moi, perdu le jugement ?

ALCESTE.

Oui. oui, je l'ai perdu, lorsque dans votre vue
J'ai pris, pour mon malheur, le poison qui me tue,
Et que j'ai cru trouver quelque sincérité,
Dans les traîtres appas dont je suis enchanté.

CÉLIMÈNE.

De quelle trahison pouvez-vous donc vous plaindre ?

ALCESTE.

Ah ! Que ce cœur est double, et sait bien l'art de feindre !
Mais, pour le mettre à bout, j'ai des moyens tout prêts.
Jetez ici les yeux, et connaissez vos traits ;
Ce billet découvert suffit pour vous confondre,
Et, contre ce témoin on n'a rien à répondre.

CÉLIMÈNE.

Voilà donc le sujet qui vous trouble l'esprit ?

ALCESTE.

Vous ne rougissez pas en voyant cet écrit !

CÉLIMÈNE.

Et par quelle raison faut-il que j'en rougisse ?

ALCESTE.

Quoi, vous joignez ici l'audace à l'artifice !
Le désavouerez-vous pour n'avoir point de seing ?

CÉLIMÈNE.

Pourquoi désavouer un billet de ma main ?.....

IV

Molière prit une revanche éclatante de la chute de *Don Garcie de Navarre* en donnant la même année (1661), *L'Ecole des Maris* Cette excellente comédie fut représentée pour la première fois le 12 juin dans une fête donnée par le surintendant Fouquet à la

Reine d'Angleterre, et, le 14 du même mois, sur le théâtre du Palais-Royal.

Molière jouait Sganarelle ; Mlle de Brie, Isabelle ; le rôle de Léonor était joué par Armande Béjart que Molière épousa l'année suivante. On sait que ce mariage ne fut pas heureux, Molière avait plus de 40 ans. Armande Béjart en avait à peine 17. Amoureux et jaloux, non sans raison, Molière fut en proie jusqu'à la fin de sa vie à de cruels chagrins contre lesquels il n'eut pas la force de lutter.

L'Ecole des Maris est la première pièce que Molière fit imprimer. Directeur de la troupe de Monsieur, il la lui dédia. Cette dédicace est écrite dans un style qui peut sembler fort étrange aujourd'hui, mais il faut faire la part du temps pour comprendre comment un homme de génie, une des gloires les plus incontestables de la France, écrivait à M. le duc d'Orléans, frère unique du roi Louis XIV, dans les termes suivants :

Monseigneur,

« Je fais voir ici à la France des choses bien peu proportionnées. Il n'est rien de si grand et de si superbe que le nom que je mets à la tête de ce livre, et rien de si bas que ce qu'il contient. Tout le monde trouvera cet assemblage étrange ; et quelques uns pourront bien dire, pour en exprimer l'inégalité, que c'est poser une couronne de perle et de diamants sur une statue de terre, et faire entrer par des portiques magnifiques et des arcs triomphaux superbes dans une méchante cabane. Mais, MONSEIGNEUR, ce qui doit me servir d'excuse, c'est qu'en cette aventure je n'ai eu aucun choix à faire, et que l'honneur que j'ai d'être à VOTRE ALTESSE ROYALE, m'a imposé la nécessité absolue de lui dédier le premier ouvrage que je mets de moi-même au jour. Ce n'est pas un présent que je lui fais ; c'est un devoir dont je m'acquitte.... J'ai donc osé, MONSEIGNEUR, dédier une bagatelle à VOTRE ALTESSE ROYALE, parce que je n'ai pu m'en dispenser ; et si je me dispense ici de m'étendre sur les belles et glorieuses vérités qu'on pourrait dire d'elle, c'est par la juste appréhension que ces grandes idées ne fissent éclater encore davantage la bassesse de mon offrande......... »

Et le reste à l'avenant ! Quel langage ! Et quand on pense qu'il était adressé à un prince frivole, de mœurs déplorables, et qui avait à peine 21 ans. Mais il serait injuste d'en faire reproche à Molière. Pour qu'il lui fût possible de dire la vérité aux hommes de son temps et de tous les temps, il lui fallait de puissants appuis et c'est à peine si la protection du grand roi Louis XIV lui a suffi.

V.

La première représentation des *Fâcheux*, comédie-ballet en trois actes et en vers, eut lieu à une fête donnée au château de Vaux par le surintendant Fouquet, le 20 août 1661, et sur le théâtre du Palais-Royal, le 4 novembre de la même année.

« Jamais entreprise au théâtre ne fut si précipitée que celle-ci, nous dit Molière dans une sorte de préface ; et c'est une chose, je crois, toute nouvelle, qu'une comédie ait été conçue, faite, apprise, et représentée en quinze jours. Je ne dis pas cela pour me piquer de l'impromptu, et en prétendre de la gloire, mais seulement pour prévenir certaines gens qui pourraient trouver à redire que je n'aie pas mis ici toutes les espèces de fâcheux qui se trouvent. Je sais que le nombre en est grand, et à la cour et dans la ville ; et que, sans épisodes, j'eusse bien pu en composer une comédie de cinq actes bien fournis, et avoir encore de la matière de reste.... »

Voilà qui est dit fort spirituellement et en excellent style. C'est bien du Molière.

On sait que la scène du chasseur au deuxième acte fut indiquée à Molière par Louis XIV. Le fait est raconté ainsi dans les *Anecdotes dramatiques* :

« Le roi, en sortant de la première représentation des *Fâcheux*, dit à Molière, en voyant passer le comte de Soyécourt, insupportable chasseur : voilà un grand original que tu n'as pas encore copié. C'en fut assez : la scène du Fâcheux chasseur fut faite et apprise en moins de vingt-quatre heures ; et, comme Molière n'entendait rien au jargon de la chasse, il pria le comte de Soyécourt lui-même, de lui indiquer les termes dont il devait se servir. »

Ainsi Louis XIV tutoyait Molière qui tenait à honneur insigne cette familiarité nullement partagée et se considérait même comme bien petit auprès de l'Auguste Souverain. Molière et Louis XIV, ces deux noms sont grands, cela va sans dire. Mais je voudrais bien savoir quel est aujourd'hui le plus grand des deux !

VI

Nous venons de voir que Molière donna trois pièces en 1661, *Don Garcie de Navarre, L'Ecole des Maris* et *Les Fâcheux*. Vint ensuite *L'Ecole des Femmes* qui fut jouée pour la première fois le 26 décembre 1662 sur le théâtre du Palais-Royal avec un grand succès. Les envieux, race impérissable, cherchèrent vainement à le combattre et ne firent au contraire que le rendre plus éclatant.

Molière nous le dit ainsi :

« Bien des gens ont frondé d'abord cette comédie ; mais les rieurs ont été pour elle ; et tout le mal qu'en en a pu dire n'a pu faire qu'elle n'ait eu un succès dont je me contente. Je sais qu'on attend de moi dans cette impression quelque préface qui réponde aux censeurs, et rende raison de mon ouvrage ; et sans doute que je suis assez redevable à toutes les personnes qui lui ont donné leur approbation, pour me croire obligé de défendre leur jugement contre celui des autres ; mais il se trouve qu'une grande partie des choses que j'aurais à dire sur ce sujet est déjà dans une dissertation que j'ai faite en dialogue, et dont je ne sais encore ce que je ferai:...

Il s'agit là de *La Critique de l'Ecole des Femmes*, une perle, dont la première représentation fut donnée l'année suivante, 1663, le 1er juin sur le théâtre du Palais-Royal. Quelle charmante causerie et que d'esprit, de finesse dans ce petit chef-d'œuvre où Molière avec une noble franchise défend sa propre cause, c'est-à-dire celle du bon sens !

Dans *L'Ecole des Femmes*, le rôle d'Arnolphe était joué par Molière et celui d'Agnès par Mlle de Brie qui était parfaite ; à soixante ans elle y était encore acclamée. Les vers suivants en sont un témoignage :

> Il faut qu'elle ait été charmante,
> Puisqu'aujourd'hui, malgré ses ans,
> A peine des attraits naissants
> Egalent sa beauté mourante.

A ces vers qui nous font connaître qu'elle était extrêmement jolie, il faut ajouter qu'après Madame Molière, Armande Béjart, la troupe de Molière ne comptait pas de meilleure comédienne.

VII.

L'Impromptu de Versailles, comédie en un acte et en prose, fut représenté pour la première fois à Versailles le 14 octobre 1663 et à Paris, sur le théâtre du Palais Royal, le 4 novembre de la même année.

La pièce était distribuée ainsi :

MOLIÈRE, marquis ridicule.
BRÉCOURT, homme de qualité.
LA GRANGE, marquis ridicule.
DU CROISY, poëte.
LA THORILLIÈRE, marquis fâcheux.
BÉJART, homme qui fait le nécessaire.
Mlle DUPARC, marquise façonnière.
Mlle BÉJART, prude.
Mlle DE BRIE, sage coquette.
Mlle MOLIÈRE, satirique spirituelle.
Mlle DU CROISY, peste doucereuse.
Mlle HERVÉ, servante précieuse.
Quatre nécessaires.

Nécessaire est ici dans le sens de domestique. Voyez les *Précieuses ridicules*, scène VII :

MAROTTE.

« Voilà un laquais qui demande si vous êtes au logis et qui dit que son maître vous veut venir voir.

MADELON.

« Apprenez, sotte, à vous énoncer moins vulgairement, dites : voilà un nécessaire qui demande si vous êtes en commodité d'être visible. »

L'Impromptu de Versailles est une réponse vigoureuse que fait Molière à ses critiques.

« Le mépris des sots, disait-il, est une pilule qu'on peut bien avaler, mais qu'on ne peut mâcher sans faire la grimace. »

VIII

La Princesse d'Elide, comédie-ballet en cinq actes fut représentée pour la première fois à Versailles le 8 mai 1664, et à Paris, sur le théâtre du Palais-Royal, le 9 octobre de la même année.

Madame Molière jouait le rôle de la princesse d'Elide, et Molière, celui de Moron, plaisant de la Princesse.

La Princesse d'Elide occupa la seconde journée des Plaisirs de l'Ile enchantée, fêtes magnifiques données par le Roi à Versailles et qui durèrent sept jours, du 6 au 13 mai.

Voici ce que nous lisons dans une relation du temps :

« Le soir de la sixième journée, sa majesté fit jouer les trois premiers actes d'une comédie nommée *Tartufe*, que le sieur de Molière avait faite contre les hypocrites ; mais quoiqu'elle eût été trouvé fort divertissante, le Roi connut tant de conformité entre ceux qu'une véritable dévotion met dans le chemin du ciel, et ceux qu'une vaine ostentation de bonnes œuvres n'empêche pas d'en commettre de mauvaises, que son extrême délicatesse pour les choses de la religion ne put souffrir cette ressemblance du vice avec la vertu, qui pourraient être pris l'un pour l'autre ; et, quoi qu'on ne doutât des bonnes intentions de l'auteur, il défendit cette comédie pourtant en public et se priva soi-même de ce plaisir jusqu'à ce qu'elle fût entièrement achevée, et examinée par des gens capables d'en faire un juste discernement. »

C'est ainsi que le chef-d'œuvre de Molière fut ajourné. Nous en parlerons plus loin.

La septième journée, mardi 13, on donna *Le Mariage Forcé*.

Molière jouait Sganarelle ; Brécourt, le docteur Pancrace et du Croisy, le docteur Marphurius.

La pièce fut représentée ensuite au Louvre, sous le titre de *Ballet du Roi*, les 29 et 31 janvier 1664, et sur le théâtre du Palais-Royal, le 5 février de la même année.

IX

La première représentation de *Don Juan* ou *Le Festin de Pierre*, comédie en cinq actes et en prose, fut donnée sur le théâtre du Palais-Royal, le 5 février 1665.

Molière jouait Sganarelle et La Grange, don Juan.

Deux comédies, en cinq actes également, avaient été représentées sous ce titre, l'une de Villiers en 1659, l'autre de Dorimond en 1661. Voilà des noms d'auteurs dramatiques parfaitement oubliés aujourd'hui. On peut y ajouter celui de Rosimond qui en 1669 fit aussi un *Festin de Pierre* pour le théâtre du Marais. Le sujet imité d'une pièce espagnole *El combibado de Piedra* avait plu et Molière voulut le traiter pour son théâtre.

Ce fut pour lui une affaire de directeur songeant au meilleur produit pour sa troupe en visant surtout aux grosses recettes. Mais en même temps il n'en fit pas moins une pièce parfaitement digne de lui. Je ne connais pas les trois autres pièces portant le même titre. Mais je pense qu'à part quelques points de l'action, elles ne ressemblent en rien à celle de Molière. C'est une œuvre que, pour plus d'un motif, j'admire entre toutes. Elle contient au moins douze scènes plus ou moins remarquables et dans la sixième du 4ᵉ acte, Molière s'élève à la hauteur de Corneille : « Vous descendez en vain des aïeux dont vous êtes né, dit Don Louis à son fils Don Juan ; ils vous désavouent pour leur sang, et tout ce qu'ils ont fait d'illustre ne vous donne aucun avantage ; au contraire, l'éclat n'en rejaillit sur vous qu'à votre déshonneur, et leur gloire est un flambeau qui éclaire aux yeux d'un chacun la honte de vos actions... » Quel magnifique langage, et, je parle ici de la pièce entière, quelle prose incomparable au point de vue du dialogue appliqué au théâtre !

Mais voyez la force du préjugé ! Il y en a d'aussi puissants qu'absurdes dans tous les temps. On ne comprenait pas alors qu'une comédie en cinq actes ne fût pas en vers. On crut donc devoir mettre en vers *Le Festin de Pierre*, afin de maintenir la pièce au répertoire. C'était une véritable profanation. A qui la faute ? au public dont il est si difficile de contrarier les habitudes. Thomas Corneille se chargea de cette mauvaise besogne moyennant la somme de mille livres et la pièce fut jouée ainsi quatre ans après la mort de Molière, en 1677. Cela dura jusqu'en 1835. Ce fut seulement alors que les comédiens du Théâtre Français osèrent jouer le *Festin de Pierre* en prose. Cet acte de justice eut un succès complet. On approuva unanimement l'hommage rendu à Molière et la restitution au théâtre de la meilleure prose qu'on puisse y entendre.

X.

L'*Amour médecin*, comédie-ballet en trois actes et en prose, fut représenté le 15 septembre 1665, et, à Paris, sur le théâtre du Palais-Royal, le 22 du même mois.

« Ce n'est ici qu'un simple crayon, nous dit Molière, un petit impromptu dont le roi a voulu se faire un divertissement. Il est e plus précipité de tous ceux que sa Majesté m'ait commandés ; et, lorsque je dirai qu'il a été proposé, fait, appris et représenté en cinq jours, je ne dirai que ce qui est vrai...... »

Je serais tenté de croire que Molière exagère un peu. Faire une pièce en 3 actes, avec 14 personnages, l'apprendre, la répéter, et l'avoir prête à être jouée, tout cela en cinq jours, tout cela parce que le roi l'a voulu ! Il faut convenir alors que la volonté de Louis XIV pouvait opérer des prodiges ; s'il en fut bien ainsi, le souffleur a dû avoir une rude besogne à la première de l'*Amour médecin*.

On lit dans les *Anecdotes dramatiques* : « Molière logeait chez un médecin dont la femme extrêmement avare, voulait augmenter le loyer de la portion de maison qu'il occupait ; sur le refus qu'il en fit, l'appartement fut loué à un autre. Depuis ce temps là Molière n'a cessé de tourner en ridicule les médecins qu'il avait déjà attaqués dans le *Festin de Pierre*. Il définissait un médecin : « Un homme que l'on paye pour conter des fariboles dans la chambre d'un malade, jusqu'à ce que la nature l'ait guéri, ou que les remèdes l'aient tué. » Pour rendre ses plaisanteries plus agréables dans le jeu de cette pièce, qui fut d'abord représentée devant le roi, l'auteur y joua les premiers médecins de la cour avec des masques qui ressemblaient aux personnages qu'il avait en vue. Ces médecins étaient MM. de Fougerois, Esprit, Guénaut et d'Aquin. Comme Molière voulait déguiser leur noms, il pria Boileau de leur en faire de convenables. Boileau en composa en effet qui étaient tirés du grec, et qui désignaient le caractère de chacun de ces messieurs. Il donna à M. de Fougerois le nom de Défonandrès, qui signifie *tueur d'hommes* ; à M. Esprit qui bredouillait, celui de Bahis, qui signifie *jappant, aboyant* ; Macroton fut le nom qu'il donna à M. Guénaut, parce qu'il parlait lentement ; et enfin celui de Tomès, qui signifie *un saigneur*, à M. d'Aquin qui ordonnait souvent la saignée. »

Ce n'est pas pour céder à un mouvement de mauvaise humeur contre un propriétaire exigeant que Molière a si mal traité les médecins dans plusieurs de ses pièces. Molière, non plus que Montaigne, ne croyait pas à la médecine. Béralde le dit à son frère Argan, dans le 3ᵉ acte du *Malade imaginaire* et il ajoute que, si dans la maladie tout le monde a recours aux médecins, c'est une marque de la faiblesse humaine et non de la vérité de leur art.

XI

Le Misanthrope, comédie en cinq actes et en vers, fut représenté pour la première fois sur le théâtre du Palais-Royal, le 4 juin 1666 et reçut un accueil très froid. C'est à guérir de l'envie de faire des chefs-d'œuvre et peut-être est-ce pour cela que nous en voyons si peu. Je ne crois pas pourtant que ce soit la seule raison.

Molière jouait *Alceste* ; La Thorillière, *Philinte*, et Madame Molière, *Célimène*.

Le Misanthrope attirait peu de monde et Molière s'empressa de donner le *Médecin malgré lui* qui eut un très grand succès et fut joué sans interruption pendant trois mois. La petite pièce fut chaque soir suivie de la seconde, et c'est ainsi que *Le Médecin malgré lui* où s'épanouit en mille traits la verve la plus comique, fit connaître, puis admirer *Le Misanthrope* que tout d'abord le public n'avait pas compris.

Cette erreur ne saurait surprendre. *Le Misanthrope* n'est pas une pièce scénique. L'action est faible et ne présente pas un intérêt saisissant. C'est plutôt une magnifique étude psychologique. J'ai lu et vu plusieurs fois *Le Misanthrope* avant d'apprécier comme elle le mérite la partie passionnée de la pièce et ce qu'il y a de poignante et douloureuse énergie dans l'amour d'Alceste pour Célimène. Il faut dire que le rôle d'Alceste est peut-être le plus difficile qu'il y ait au théâtre. Je ne l'ai jamais vu tout-à-fait bien joué.

XII.

Après le *Médecin malgré lui* dont la première fut donnée en juillet 1666 vient une pastorale héroïque dont Molière a fait seulement les deux premiers actes qui furent représentés à Saint-Germain-en-Laye, devant le roi, le 2 décembre 1666.

La pièce fut achevée plus tard en 1699 par Guérin, fils du comédien de ce nom, qui la mit en vers libres. C'était bien là une besogne inutile et du temps perdu.

Encore une pastorale comique en un acte, jouée pour la première fois, ainsi que *Mélicerte,* le 2 décembre à Saint-Germain-en-Laye. *Mélicerte* et la pastorale-comique avaient été joints au *Ballet des Muses* donné par Bensarade, poëte de la Cour. Qui connaît Benserade aujourd'hui ? Et cependant il fut pensionné par Louis XIV, loué par Boileau, élu à l'Académie en 1674. Il eut carosse, 12.000 livres de rente, ce qui était énorme alors, pour un poëte surtout, et de plus une vanité qui dépassait de beaucoup tout le reste. Il le prenait de haut avec Molière qu'il regardait comme d'un mérite fort au-dessous du sien. Il est vrai que *Mélicerte* et la pastorale comique n'avaient pas fait briller Molière dans la fête du *Ballet des Muses*. Il lui fallait bien faire des pièces de commande, pour plaire à Louis XIV, quitte à prendre d'éclatantes et glorieuses revanches. Le poëte avait besoin d'être protégé par le roi, et, comme l'a bien dit M. Etienne dans son excellente notice sur le *Tartufe*, Molière, observateur profond, flattait son maître pour avoir le droit de ne pas flatter son siècle.

Si avec *Mélicerte* et la *Pastorale comique*, Molière avait quelque peu sommeillé, la pièce qu'il donna ensuite n'accusa qu'un demi réveil. Ce fut *Le Sicilien*, ou *L'Amour peintre*, comédie-ballet, donnée pour la première fois à Saint-Germain, en janvier 1667, et au théâtre du Palais-Royal, le 10 juin de la même année.

XIII.

Nous avons dit que les trois premiers actes de *Tartufe* avaient été joués à Versailles dans la sixième journée des fêtes de l'Ile enchantée. La pièce entière fut représentée et défendue le 5 août 1667, et reprise sur le théâtre du Palais-Royal, le 5 février 1669.

C'est la comédie qui honore le plus la scène française, et, sous tous les rapports, approche de la perfection autant qu'il est permis à une œuvre humaine. Sa portée morale et philosophique a été immense. Elle l'est encore et dépasse de loin celle qu'ont pu obtenir d'autres ouvrages dramatiques, dans tous les pays et dans tous les temps. M. Etienne a dit avec raison que la représentation de ce chef-d'œuvre incomparable a été un des grands évènements de notre histoire.

Accordons un juste éloge à Louis XIV qui, résistant à la colère des dévôts, permit de nouveau que *Tartufe* fût joué le 5 février 1669, c'est-à-dire dix-huit mois après la défense faite en 1667 par le premier président. Quand on pense à la puissante cabale contre laquelle le roi eut à lutter, il est permis de voir là un des plus beaux actes de son règne.

Tartufe fut vivement attaqué par Bourdalone, mais surtout

par Bossuet qui se livra contre Molière à des violences de langage extrêmement blâmables :

« Il faudra donc, s'écrie-t-il, que nous passions pour honnêtes les impiétés et les infamies dont sont pleines les comédies de Molière, ou qu'on ne veuille pas ranger parmi les impiétés d'aujourd'hui celles d'un auteur qui remplit tous les théâtres des équivoques les plus grossières dont on ait jamais infecté les oreilles des chrétiens !... Songez seulement si vous oserez soutenir à la face du ciel des pièces où la vertu et la piété sont toujours ridicules, la corruption excusée et toujours plaisante... »

Où Bossuet a-t-il vu que Molière avait tourné la vertu et la piété en ridicule ? Comment un grand esprit comme Bossuet a-t-il pu commettre de bonne foi une semblable erreur ? Du reste ce n'est pas là le seul acte d'intolérance du persécuteur de Fénelon.

Toutes ces pieuses fureurs, le déchaînement de tous ces ennemis que *Tartufe* suscitait à Molière, lui faisait dire : « Au prix qu'il m'en coûte, je me suis repenti plusieurs fois de l'avoir fait. »

Voici un mot de Piron qui est d'une parfaite vérité et que je trouve dans les *Anecdotes dramatiques* : « La première comédie que Piron vit à Paris, fut le *Tartufe*; son admiration allait jusqu'à l'extase. A la fin de la pièce ses transports de joie augmentant encore, ses voisins lui en demandèrent la raison : Ah ! Messieurs, s'écria-t-il, si cet ouvrage n'était pas fait, il ne se ferait jamais. »

La distribution de *Tartufe* ne devait rien laisser à désirer. Molière jouait Orgon; Du Croisy, Tartufe ; La Thorillière, Cléante ; La Grange, Valère ; Madame Molière, Elmire ; Mademoiselle de Brie, Marianne, et Madeleine Béjart, Dorine. Par une singularité qui ne serait guère admise aujourd'hui, le rôle de Madame Pernelle était joué par Béjart, cadet, comédien très aimé qui se retira en 1670 avec une pension de mille livres que la troupe lui fit.

XIV

Amphitryon, comédie en trois actes et en vers libres, fut représenté pour la première fois à Paris, sur le théâtre du Palais-Royal, le 12 janvier 1668.

Molière jouait Sosie et Madame Molière Alcmène.

La pièce eut beaucoup de succès.

Boileau goûtait peu l'*Amphitryon* de Molière et lui préférait celui de Plaute. Madame Dacier aussi. En sa qualité de femme savante, nourrie de latin et de grec, Madame Dacier n'aimait pas Molière et n'était pas fâchée, sans doute, de faire valoir sa traduction de l'*Amphitryon* de Plaute en présentant le poëte latin comme supérieur au poëte français.

Je ne suis de l'avis ni de Boileau, ni de Madame Dacier. Je reconnais toutefois que les vingt comédies qui nous sont restées de Plaute sont très remarquables. Elles abondent en situations ingénieuses. Le style en est naturel, plein d'esprit et d'entrain. C'est la gaieté du peuple, dans la bonne acception, et dont la franchise un peu grossière n'est pas à dédaigner. Aussi est-ce à juste titre que Plaute est considéré comme le plus célèbre des auteurs comiques latins.

En attribuant à *L'Amphitryon* de Molière une supériorité qui me semble incontestable, je suis d'accord avec un des traducteurs de Plaute, M. E. Sommer dont je reproduis ici une partie de la notice qu'il a mise en tête de sa traduction :

« Tout le monde a lu l'*Amphitryon* de Molière, et tout le monde, par conséquent connait l'Amphitryon qui fit longtemps les délices de Rome : non pas que les caractères, le style, soient exactement les mêmes dans les deux pièces ; mais la marche de l'intrigue, les incidents, les péripéties ont été reproduits avec assez de fidélité par le poëte français. Molière n'a ajouté qu'un seul personnage, Cléanthis, la femme de Sosie ; mais ni son Jupiter, ni son Amphitryon, ni son Sosie ne ressemblent à ceux de Plaute. Autant les manières, les propos, les sentiments mêmes sont peu raffinés chez le comique latin, autant ils sont distingués, spirituels et souvent nobles chez le comique français. Rien de plus attachant et de plus instructif à la fois que la lecture comparée des deux pièces ; rien ne montre d'une façon plus saisissante les procédés d'imitation que sait employer le génie sans rien perdre de son originalité. Aussi, même en tenant grand compte de la différence des temps, et des goûts assurément très divers des spectateurs, on ne saurait contester que l'*Amphitryon* de Molière ne soit de beaucoup supérieur à celui de Plaute... »

Le sujet d'*Amphitryon* a été traité aussi par Rotrou qui a fait jouer en 1638 *Les Sosies*, comédie en cinq actes et en vers.

Molière dit plaisamment :

    Le véritable *Amphitryon*
    Est l'*Amphitryon* où l'on dîne.

Boileau lui cherche, au sujet de ces deux vers une chicane pédantesque en lui reprochant une faute grammaticale. On doit dire l'*Amphitryon* chez lequel on dîne, et non pas l'*Amphitryon* où l'on dîne. Boileau préfère le vers de Rotrou :

> Point, point d'*Amphitryon* où l'on ne dîne point.

Il faut convenir que ces trois *point* font admirablement !
Boileau, poëte fort négligé aujourd'hui et abaissé autant que Molière s'est élevé, lui a donné, de bonne foi, je crois, des éloges qui ne valent guère mieux que du dénigrement. Il n'a compris Molière qu'à demi et l'appréciation qu'il en fait dans son *Art poétique* me paraît tout simplement détestable.

« Molière, nous dit-il,
> Peut-être de son art eût remporté le prix,
> Si, moins ami du peuple, en ces doctes peintures
> Il n'eût pas fait souvent grimacer ses figures;
> Quitté, pour le bouffon, l'agréable et le fin,
> Et sans honte à Térence allié Tabarin.
> Dans ce sac ridicule où Scapin s'enveloppe
> Je ne reconnais plus l'auteur du *Misanthrope*...

Ce *peut-être* sous condition est d'un pauvre critique. Comme si Molière n'était pas incontestablement au-dessus de tous ! Même en tenant compte des différences de temps, Aristophane, Plaute et Térence ne viennent, comme verve comique et comme observation du cœur humain, qu'à une longue distance après Molière. Leur théâtre ne présente pas d'enseignement moral et je n'en connais pas de meilleur que celui qui nous est donné par le théâtre de Molière.

Boileau veut bien admirer *Le Misanthrope* ; mais il fait fi des *Fourberies de Scapin*. Le sac dans lequel Scapin fait entrer Géronte lui faisait hausser les épaules. Le moyen est un peu forcé, c'est possible ; mais il produit au théâtre l'effet le plus comique. Et puis il y a sept ou huit excellentes scènes dans *Les Fourberies de Scapin* et dont il semble que Boileau ne s'est pas le moins du monde douté.

Que pensait Molière des louanges aigres-douces que lui adressait son ami ? Les amis ! Ils ont parfois une façon de louer dont on se passerait volontiers. Elle vous blesse et il faut encore les remercier. C'est pris de haut, avec des comparaisons peu flatteuses, des réserves qui réduisent votre œuvre à néant. Comme juge, le public est plus indulgent, plus juste et vaut cent fois mieux que les amis.

Je m'imagine que Molière était peu sensible aux critiques,

parce que son génie puissant lui donnait le sentiment de sa valeur entière. D'ailleurs quand il lui prenait fantaisie de leur répondre, il s'en acquittait à merveille, comme, par exemple, dans la *Critique de l'Ecole des Femmes*. Mais ce qu'il voulait surtout, c'était de contenter le roi à Versailles et le public au théâtre du Palais-Royal ; le reste lui importait peu.

XV.

La première représentation de *L'Avare*, comédie en cinq actes et en prose, fut donnée au théâtre du Palais-Royal, le 9 septembre 1668.

Encore un chef-d'œuvre. et parce qu'il était en prose, le public hésita à l'accepter. Mais le succès ne tarda pas à s'établir solidèment et, Dieu merci, personne ne pensa à mettre *L'Avare* en vers et à gâter ainsi la plus belle prose du monde.

Molière jouait Harpagon ; Madame Molière, Elise ; La Grange, Cléante ; Du Croisy, Valère ; Madeleine Béjart, Frosine ; Béjart cadet, La Flèche ; Hubert, maître Jacques.

Je lis dans les *Anecdotes dramatiques* : « Molière était sujet à un mal de poitrine qui l'assujétissait à un grand régime, et avait dégénéré en une toux habituelle, c'est à quoi Frosine fait allusion dans le deuxième acte de *L'Avare*, en disant à Harpagon dont Molière jouait le rôle : « Ce n'est rien ; votre fluxion ne vous sied point mal et vous avez grâce à tousser. »

« Béjart le comédien qui fut camarade de Molière en province et à Paris, demeura estropié d'une blessure qu'il avait reçue au pied en séparant deux de ses amis qui se battaient en duel. Il fut chargé du rôle de la Flèche dans la comédie de l'Avare ; et Harpagon dit de ce valet par allusion : « Je ne me plais point à voir ce chien de boiteux-là. » Ce fut un signal pour les acteurs de province ; ils se mirent tous à boiter, non-seulement dans le rôle de la Flèche, mais dans tous ceux que *Béjart* remplissait à Paris...

« L'auteur anglais qui a traduit *L'Avare* de Molière, fait ordonner par son Avare qu'on écrive en lettres d'or cette sentence qui le charme : « Il faut manger pour vivre, et non pas vivre pour manger. » Un moment après il songe qu'il lui en coûterait trop et que cette maxime sera tout aussi lisible en l'écrivant avec de l'encre ordinaire. Le traducteur a renchéri sur l'original. »

— 19 —

Pour faire tant que d'oser ajouter à Molière, ce n'est pas mal trouvé.

XVI

Georges Dandin, ou *Le Mari confondu*, comédie en trois actes et en prose, fut représenté pour la première fois dans une fête donnée à Versailles, le 18 juillet 1668, et à Paris, sur le théâtre du Palais-Royal, le 9 novembre de la même année.

Molière jouait Georges Dandin et Madame Molière, Angélique.

Monsieur de Pourceaugnac, comédie-ballet en trois actes et en prose, fut représenté pour la première fois à Chambord, le 6 octobre 1669, et à Paris, sur le théâtre du Palais-Royal, le 15 novembre de la même année.

Molière jouait Pourceaugnac; La Grange, Erastre; Du Croisy, Sbrigani ; Madame Molière, Julie.

Un gentilhomme limousin parfaitement ridicule qui eut sur le théâtre une querelle avec les comédiens, servit de type à Molière pour son rôle de Pourceaugnac.

La pièce plut beaucoup.

Les Amants magnifiques, comédie-ballet en cinq actes et en prose, furent représentés à Saint-Germain-en-Laye sous le titre de *Divertissement royal*, le 7 septembre 1670.

Cette pièce commandée par le Roi contient cinq intermèdes dont la musique est de Lulli. Elle ne fut imprimée qu'après la mort de Molière qui la destinait à l'oubli. Et pourtant elle contient plusieurs scènes dignes de lui et je trouve admirable celle du troisième acte où Molière emporté par l'amour de la vérité, combat l'astrologie avec une hardiesse qui pouvait lui coûter cher. Car il ne faut pas oublier que Louis XIV y croyait et qu'il avait à sa cour un astrologue qui touchait une pension de 4000 livres. Au risque de déplaire au roi, Molière n'hésita pas à porter les derniers coups à cette fausse science dont il ne fut plus question après lui. Ecoutez ce que dit Sostrate à la princesse Aristione qui lui demande quel est son sentiment sur l'astrologie. Ce n'est pas Sostrate qui parle, c'est Molière lui-même :

« Madame, tous les esprits ne sont pas nés avec les qualités qu'il faut pour la délicatesse de ces belles sciences qu'on nomme « *curieuses* » ; et il y en a de si matériels, qu'ils ne peuvent aucunement comprendre ce que d'autres conçoivent le plus facilement du monde. Il n'est rien de plus agréable,

Madame, que toutes les grandes promesses de ces connaissances sublimes. Transformer tout en or, faire vivre éternellement, guérir par des paroles, se faire aimer de qui l'on veut, savoir tous les secrets de l'avenir, faire descendre, comme on veut, du ciel sur des métaux des impressions de bonheur, commander aux démons, se faire des armées invincibles et des soldats invulnérables, tout cela est charmant, sans doute, mais pour moi, je vous avoue que j'ai toujours trouvé cela trop beau pour être véritable. Toutes ces belles raisons de sympathie, de force magnétique et de vertu occulte, sont si subtiles et délicates, qu'elles échappent à mon sens matériel ; et, sans parler du reste, jamais il n'a été en ma puissance de concevoir comme on trouve écrit dans le ciel jusqu'aux plus petites particularités de la fortune du moindre homme. Quel rapport, quel commerce, quelle correspondance peut-il y avoir entre nous et des globes éloignés de notre terre d'une distance effroyable ? et d'où cette belle science enfin est-elle venue aux hommes ? Quel Dieu l'a révélée ?...

Quel langage éloquent et simple à la fois ! La raison ne s'est jamais mieux exprimée et, bien qu'il s'agisse ici d'une question par trop rétrospective et qui n'intéresse plus aujourd'hui, il n'en est pas moins juste de reconnaître que c'est là encore un service rendu par le puissant génie de Molière à la cause du bon sens.

XVII.

Le Bourgeois gentilhomme, comédie-ballet en cinq actes et en prose, fut représenté pour la première fois à Chambord, le 14 octobre 1670, et à Paris, sur le théâtre du Palais-Royal, le 29 novembre de la même année.

Molière jouait M. Jourdain ; Hubert, Madame Jourdain ; Madame Molière, Lucile ; La Grange, Cléante ; Mademoiselle de Brie, Dorimène ; Mademoiselle Beauval, Nicole ; La Thorillière, Dorante ; De Brie, le maître d'armes ; Du Croisy, le maître de philosophie.

Le Bourgeois gentilhomme reçut d'abord un assez mauvais accueil à la cour ; puis cinq jours après ce fut tout le contraire. La première fois le roi n'avait pas dit un mot après la représentation. Molière était désolé. Le silence du roi ressemblait trop à une désapprobation. Les courtisans déchiraient la pièce à belles dents : « C'est une indignité, s'écriaient-ils ; avec ses *ba-la-ba* et ses *ba la chou*, Molière extravague. Il devient impossible et tombe dans la farce italienne. » Cinq jours se passent ; la pièce est jouée pour la seconde fois ; et le roi, à la fin du spectacle, dit à Molière : « Je ne vous ai pas parlé de votre pièce à la première représentation, parce que j'ai appréhendé d'être séduit par la manière dont elle a été jouée ; mais en vérité, Molière, vous n'avez encore rien fait qui m'ait plus diverti et votre pièce est excellente. » Aussitôt changement complet et ces mêmes courtisans qui, cinq jours auparavant, éreintaient Molière, l'accablent d'éloges et le trouvent inimitable. Du reste il n'y a rien là qui ne soit très simple et très naturel et de tout temps dans les cours les choses se sont passées ainsi. En vérité, Louis XIV n'avait pas tout à-fait tort de dire : « L'Etat, c'est moi. »

Dans la neuvième scène du troisième acte, le portrait de Lucile est celui de Madame Molière. Cette charmante comédienne excellait dans le rôle de Célimène qui était véritablement fait pour elle. Elle avait alors 21 ans, et 25 quand elle joua le rôle de Lucile. Sa voix était fort jolie et elle chantait avec beaucoup de goût.

Voici un fragment de cette neuvième scène que je me plais à citer. Ce sont là des modèles impérissables pour les personnes qui aiment le théâtre et qui s'en occupent.

SCÈNE IX.
CLÉONTE, COVIELLE, Valet de Cléonte.

CLÉONTE.

Donne la main à mon dépit, et soutiens ma résolution contre tous les restes d'amour qui me pourraient parler pour elle. Dis-moi, je t'en conjure, tout le mal que tu pourras ; fais-moi de sa personne une peinture qui me la rende méprisable ; et marque-moi bien, pour m'en dégoûter, tous les défauts que tu peux voir en elle.

COVIELLE.

Elle, monsieur ? Voilà une belle mijaurée pour vous donner tant d'amour ! Je ne lui vois rien que de très médiocre ; et vous trouverez cent personnes qui seront plus dignes de vous. Premièrement, elle a les yeux petits.

CLÉONTE.

Cela est vrai, elle a les yeux petits ; mais elle les a pleins de feu, les plus brillants, les plus perçants du monde, les plus touchants qu'on puisse voir.

COVIELLE.

Elle a la bouche grande.

CLÉANTE.

Oui ; mais cette bouche en la voyant, inspire des désirs : elle est la plus attrayante, la plus amoureuse du monde.

COVIELLE.

Pour sa taille, elle n'est pas grande.

CLÉONTE.

Non, mais elle aisée et bien prise.

COVIELLE.

Elle affecte une nonchalance dans son parler et dans ses actions...

CLÉONTE.

Il est vrai ; mais elle a grâce à tout cela ; et ses manières sont engageantes, ont je ne sais quel charme à s'insinuer dans les cœurs.

COVIELLE.

Pour de l'esprit...

CLÉONTE.

Ah ! elle en a, Covielle, du plus fin, du plus délicat.

COVIELLE.

Sa conversation...

CLÉONTE.

Sa conversation est charmante.

COVIELLE.

Elle est toujours sérieuse.

CLÉONTE.

Veux-tu de ces enjouements épanouis, de ces joies toujours ouvertes? Et vois-tu rien de plus impertinent que des femmes qui rient à tout propos?

COVIELLE.

Mais, enfin, elle est capricieuse autant que personne du monde.

CLÉONTE.

Oui, elle est capricieuse, j'en demeure d'accord ; mais tout sied bien aux belles ; on souffre tout des belles.

COVIELLE.

Puisque cela va comme cela, je vois bien que vous avez envie de l'aimer toujours.

CLÉONTE.

Moi ! j'aimerais mieux mourir ; et je vais la haïr autant que je l'ai aimée.

COVIELLE.

Le moyen si vous la trouvez si parfaite ?

CLÉONTE.

C'est en quoi ma vengeance sera plus éclatante, en quoi je veux faire mieux voir la force de mon cœur à la haïr, à la quitter, toute belle, toute pleine d'attraits, toute aimable que je la trouve. La voici...

XVIII.

Les *Fourberies de Scapin*, comédie en trois actes et en prose, furent représentées, pour la première fois, au théâtre du Palais-Royal, le 4 mai 1672.

Molière jouait Géronte ; Béjart cadet, Argante ; de Brie, Scapin.

J'ai dit quelques mots des *Fourberies de Scapin* à propos des appréciations dédaigneuses de Boileau qui ne comprenait rien au rire et le trouvait peu digne des esprits délicats. Pour lui *Le Lutrin* devait être la limite de la gaieté permise. Le peuple qui n'était pas de l'avis de Boileau, vint en foule aux *Fourberies de Scapin*. Et il avait bien raison. L'esprit et le comique le plus franc éclatent dans les deux premiers actes. Je connais peu de pièces aussi scéniques et aussi amusantes, et les détails fins et gracieux n'y manquent pas. Voyez les deuxième et troisième scènes du premier acte. Ici Molière a fait de nombreux emprunts à Térence. Les deuxième, troisième et sixième scènes du premier acte, la huitième du second acte sont imitées du *Phormion* qui fut joué pour la première fois l'an de Rome 593. C'est comme une traduction libre, très libre. Molière traduisait comme La Fontaine en surpassant ses modèles. Toutefois il existe une grande ressemblance entre le style de Térence et celui de Molière. On dirait un air de famille et l'on doit tenir compte à Térence d'être arrivé le premier.

XIX

Psyché, tragi-comédie-ballet en cinq actes et en vers libres, fut représentée pour la première fois aux Tuileries pendant le carnaval de l'année 1670, et sur le théâtre du Palais-Royal, le 11 novembre de la même année.

Baron, l'élève de Molière, jouait l'Amour et Madame Molière, Psyché.

Je lis dans une édition de Molière la note suivante qui lui est attribuée :

« Cet ouvrage n'est pas tout d'une main. Monsieur Quinault a fait les paroles qui s'y chantent en musique, à la réserve de la Plainte italienne (1). Monsieur de Molière a dressé le plan de la pièce, et réglé la disposition où il s'est plus attaché à la pompe du spectacle qu'à l'exacte régularité. Le carnaval approchait et les ordres du roi, qui se voulait donner ce magnifique divertissement avant le carême, l'ont mis dans la nécessité de souffrir un peu de secours. Ainsi il n'y a que le prologue, le premier acte, la première scène du second et la première du troisième, dont les vers soient de lui. Monsieur Corneille (P.) a employé une quinzaine au reste ; et par ce moyen sa majesté s'est trouvée servie dans le temps qu'elle l'avait ordonné. »

Baron avait dix-huit ans quand il débuta en 1670 dans la troupe de Molière. C'est une biographie assez curieuse que celle de ce célèbre comédien,

Du théâtre français l'honneur et la merveille.

Voltaire disait que « par la supériorité de ses talents et par les dons qu'il avait reçus de la nature, il était unique dans la tragédie et dans la comédie. » Les prédicateurs venaient au théâtre, en loge grillée, pour étudier Baron. Par exemple, rien n'égalait sa vanité : « J'ai lu, disait-il, toutes les histoires anciennes et modernes ; la nature, prodigue, a produit dans tous les temps une foule de héros et de grands hommes dans tous les genres ; elle semble n'avoir été avare que de grands comédiens ; je ne trouve que Roscius et moi. »

Il ne manquait pas d'esprit pourtant, malgré de semblables énormités qui en feraient douter. Ses succès dans le monde étaient nombreux et un jour à une grande dame chez laquelle il se présentait et qui lui demandait avec hauteur ce qu'il venait chercher chez elle, il répondit avec un rare impertinence : « Mon bonnet de nuit. » Ne trouvez-vous pas le mot excellent et d'un à-propos très-réussi ?

J'aime moins Baron allant se plaindre à je ne sais plus quel grand seigneur de la cour de qui les gens avaient battu les siens et s'attirant cette réponse passablement méritée : « Eh, « mon pauvre Baron, pourquoi as-tu des gens ? »

---

(1) Les paroles et la musique de la Plainte italienne sont de Lully.

Il quitta le théâtre, on ne sait trop pourquoi, à 38 ans, en 1690. Puis 30 ans après, à 68 ans, il y reparut le 10 avril 1620 dans *Cinna*, en présence du duc d'Orléans, Régent. Les années ne lui avaient rien fait perdre et il retrouva ses succès passés. Pourtant il faisait bien sourire quelques spectateurs, lorsqu'il s'écriait dans le Cid :

> A tous les cœurs bien nés
> La valeur n'attend pas le nombre des années.

Il se montra aussi un peu osé en acceptant le rôle du jeune Misaël dans la tragédie des *Machabées* de La Motte : ce qui donna lieu à l'épigramme suivante :

> Le vieux Baron pour l'honneur d'Israël,
> Fait le rôle enfantin du jeune Misaël
> Et pour rendre la scène exacte,
> Il se fait raser à chaque acte.

Baron resta au théâtre jusqu'en 1729. Il avait près de 78 ans.

XX

Les *Femmes savantes*, comédie en cinq actes et en vers, furent représentées pour la première fois à Paris sur le théâtre du Palais-Royal, le 11 mars 1672.

Molière jouait Chrysale ; Madame Molière, Armande ; Mlle de Brie, Henriette ; Hubert, Bélise ; Du Croisy, Ariste ; La Grange, Clitandre ; De Brie, Trissotin ; Beauval, Vadius ; Mademoiselle Beauval, Martine.

Dans le siècle présent *Les Femmes savantes* ont toujours été interprétées à la Comédie Française avec une incontestable supériorité et d'une façon parfaitement digne de la maison de Molière. J'en ai gardé les meilleurs souvenirs. Mademoiselle Mars était la perfection même dans le rôle charmant d'Henriette. Cartigny et Samson jouaient à merveille Trissotin, Samson surtout qui y mettait une fatuité pédante tout-à-fait nature. Monrose père était des plus amusants dans Vadius. Michelot, Firmin, Menjaud ont tenu parfaitement le rôle de Clitandre, un des plus heureux, des plus complets que je connaisse au théâtre. Le bonhomme Chrysale a été très bien joué par Granville, Devigny et récemment encore par l'excellent Provost. Enfin l'année dernière j'ai eu un grand plaisir à revoir *Les Femmes savantes*. La pièce a fait beaucoup d'effet, surtout dans la seconde moitié et l'interprétation n'en laissait rien à désirer. Delaunay a été tout simplement admirable dans le rôle de Clitandre. Trissotin, c'était Got ; Vadius, Coquelin. La cinquième scène du troisième acte a été enlevée de verve. Thiron a bien joué Chrysale et Mademiselle Baretta, loin sans doute de Mademoiselle Mars, a fait preuve dans le rôle d'Henriette d'un talent réel où brillent la grâce et la distinction.

Molière aurait été satisfait.

On lit dans les *Anectodes dramatiques* :

« Le silence du roi, sur la comédie des *Femmes savantes*, causa à Molière le même chagrin qu'il avait éprouvé au sujet de son *Bourgeois Gentilhomme*. Car ce ne fut qu'à la seconde représentation, qui fut donnée à Saint-Cloud, que sa majesté dit à Molière que sa pièce était très bonne, et qu'elle lui avait fait beaucoup de plaisir.

« L'Abbé Cotin, irrité contre Despréaux qui l'avait raillé dans sa troisième satyre, sur le petit nombre d'auditeurs qu'il avait à ses sermons (1), fit une une mauvaise satyre contre lui dans laquelle on lui reprochait d'avoir imité Horace et Juvénal. Cotin ne s'en tint pas à sa satyre ; il publia un autre ouvrage dans lequel il chargea Despréaux des injures les plus graves, et lui imputa des crimes imaginaires, comme de ne reconnaitre ni Dieu, ni Foi, ni Loi. Il s'avisa, malheureusement pour lui, de faire entrer Molière dans cette dispute, et ne l'épargna pas, non plus que Despréaux. Celui-ci ne s'en vengea que par de nouvelles railleries ; mais Molière acheva de le perdre de réputation, en l'immolant sur le théâtre à la risée publique, dans la comédie des *Femmes savantes*.

« La scène cinquième du troisième acte de cette pièce est l'endroit qui a fait le plus de bruit. Trissotin et Vadius y sont peints d'après nature. Car l'abbé Cotin était véritablement l'auteur du sonnet à la princesse Uranie. Il l'avait fait pour Madame de Nemours, et il était allé le montrer à Mademoiselle, Princesse qui se plaisait à ces sortes de petits ouvrages, et qui, d'ailleurs, considérait fort l'abbé Cotin, jusque là même qu'elle l'honorait du nom de son ami. Comme il achevait de lire ses vers, Ménage entra. Mademoiselle les fit voir à Mé-

---

(1) On s'assied : mais d'abord notre troupe serrée
  Tenait à peine autour d'une table carrée,
 Où chacun, malgré soi, l'un sur l'autre porté,
 Faisait un tour à gauche, et mangeait de côté.
 Jugez en cet état si je pouvais me plaire,
 Moi qui ne compte rien, ni le vin, ni la chère,
 Si l'on n'est plus au large, assis en un festin
 Qu'aux sermons de Cassagne ou de l'abbé Cotin.

nage, sans lui en nommer l'auteur. Ménage, les trouva, ce qu'effectivement ils étaient, détestables. Là-dessus, nos deux poëtes se dirent à peu près à l'un l'autre, les douceurs que Molière a si agréablement rimées. »

XXI.

La Comtesse d'Escarbagnas, comédie en un acte et en prose, fut représentée pour la première fois à Saint-Germain-en-Laye, au mois de décembre 1571 et à Paris, sur le théâtre du Palais-Royal, le 8 juillet 1872.

Voici une note de l'édition de 1739 :

« Le Roi s'étant proposé de donner un divertissement à Madame, à son arrivée à la cour, choisit les plus beaux endroits des ballets qui avaient été représentés devant lui depuis quelques années et ordonna à Molière de composer une comédie qui enchaînât tous ces morceaux différents de musique et de danse. Molière composa pour cette fête *La Comtesse d'Escarbagnas*, comédie en prose, et une Pastorale : ce divertissement parut à Saint-Germain-en-Laye, au mois de décembre 1671 sous le titre de *Ballet des Ballets*. Ces deux pièces composaient sept actes qui étaient suivis chacun d'un intermède. *La Comtesse d'Escarbagnas* ne parut sur le théâtre du Palais-Royal qu'en un acte, au mois de juillet 1672, telle qu'on la joue aujourd'hui et telle qu'elle est imprimée. Il y a apparence qu'elle était divisée d'abord en plusieurs actes. Pour ce qui est de la Pastorale, il ne nous en reste que le nom des acteurs et des comédiens qui la représentaient. »

La Comtesse d'Escarbagnas fut très vivement critiquée à la Cour et très applaudie à la Ville. Les choses devaient se passer ainsi. La gaieté y est quelquefois un peu grosse. Mais telle qu'elle est, cette petite comédie est digne de Molière. Des vingt-deux scènes qui la composent, pas une n'est sans valeur. Les dix personnages qui y figurent présentent autant de physionomies différentes et chaque caractère est vrai, pris sur nature, bien en scène, avec tout le relief que le théâtre exige. Jusqu'aux petits laquais, Jeannot et Criquet qui n'ont que quelques mots à dire et sont très amusants. Voyez plutôt :

La comtesse d'escarbagnas *donnant de l'argent à Jeannot*.
Tiens, mon enfant voilà pour boire.

JEANNOT.

Oh! non, Madame!

LA COMTESSE.

Tiens, te dis-je.

JEANNOT.

Mon maitre m'a défendu, madame, de rien prendre de vous.

LA COMTESSE.

Cela ne fait rien...

JEANNOT.

Pardonnez-moi, madame.

CRIQUET.

Eh! prenez, Jeannot. Si vous n'en voulez pas, vous me le baillerez.

LA COMTESSE.

Dis à ton maître que je le remercie.

CRIQUET, à Jeannot qui s'en va.

Donne-moi donc cela.

JEANNOT.

Oui! Quelque sot...

CRIQUET.

C'est moi qui te l'ai fait prendre.

JEANNOT.

Je l'aurais bien pris sans toi.

Ce petit dialogue n'a-t-il pas le meilleur accent comique qu'on puisse imaginer?

Hubert plaisait beaucoup dans le rôle de la comtesse d'Escarbagnas. Nous avons vu qu'il jouait aussi Bélise des *Femmes savantes*, Madame Jourdain, du *Bourgeois gentilhomme* et Madame de Sottenville de *Georges Dandin*. Madame Pernelle dans *Tartufe* était jouée par Béjart. Il paraît que du temps de Molière les actrices refusaient les rôles de vieilles. Elles voulaient être toujours jeunes à la scène. En parlant de *L'Ecole des Femmes*, nous disions que Mademoiselle de Brie jouait à soixante ans le rôle d'Agnès avec le plus grand succès.

XXII.

Le Malade imaginaire, comédie-ballet en trois actes et en prose, fut représenté pour la première fois le 10 février 1673 sur le théâtre du Palais-Royal.

Molière jouait Argan; La Grange, Cléante; De Brie, Diafoirus; Mademoiselle Beauval, Toinette.

Le Malade imaginaire fut le dernier ouvrage de Molière. A la troisième représentation, en prononçant dans le dernier intermède le mot *Juro*, il fut pris d'un vomissement du sang. Transporté dans sa maison, il expirait quelques heures après entre les bras de deux sœurs de la charité auxquelles il avait généreusement donné asile. Il avait 51 ans et la France perdit ainsi plus d'un chef-d'œuvre que n'aurait manqué de produire cet homme de génie.

XXIII.

Le théâtre de Molière, qui compte déjà plus de deux siècles sans cesser d'être justement admiré et sans avoir rien perdu de sa puissante action sur le public, traversera les siècles à venir pour atteindre toute la durée possible anx choses humaines. Mais pour ne parler que du temps où nous sommes, nous ferons remarquer que sur les trente et une pièces dont se compose l'œuvre de Molière, vingt-quatre ont été jouées au Théâtre Français depuis le commencement du siècle et sur ces vingt-quatre seize n'ont jamais quitté le répertoire et figurent plus ou moins fréquemment sur l'affiche. Ce sont *L'Etourdi, Le Dépit amoureux, Les Précieuses ridicules, l'Ecole des Maris, l'Ecole des femmes, La critique de l'Ecole des femmes, Le Mariage forcé, Tartufe, Le Festin de Pierre, Le Misanthrope, Le Médecin malgré lui, Amphitryon, L'Avare, Monsieur de Pourceaugnac, Le Bourgeois gentilhomme, Les Fourberies de Scapin, Les Femmes savantes, Le Malade imaginaire*. Et, ainsi que je le disais y a peu de temps dans une étude sur Molière, pourquoi joue-t-on souvent ses pièces ? C'est parce qu'elles offrent au public un plaisir et un enseignement, un amusement et une leçon. En écoutant *Le Misanthrope, Tartufe, L'Avare* ou *Les Femmes savantes*, l'esprit reçoit plus qu'une impression fugitive qui s'efface presque entière, une fois le rideau baissé et la rampe éteinte. Il se prend à réfléchir après la pièce jouée ; il commente le plaisir qu'il a éprouvé, recueille, comme un bien qu'il vient d'acquérir, de nombreuses observations pleines de justesse et de vérité sur le cœur humain, et apprend ainsi à voir les hommes non seulement tels qu'ils sont, mais aussi tels qu'ils devraient être. C'est donc avec raison que le Théâtre français s'appelle la maison de Molière et qu'à tout jamais ce titre glorieux lui restera.

www.ingramcontent.com/pod-product-compliance
Lightning Source LLC
Chambersburg PA
CBHW062000070426
42451CB00012BA/2273